La maison
Ev

Dictionnaire d'images bilingue pour enfants

Français-Azéri

Richard Carlson

The author would like to thank the translators for their contribution.

La porte

qapı

La fenêtre

pəncərə

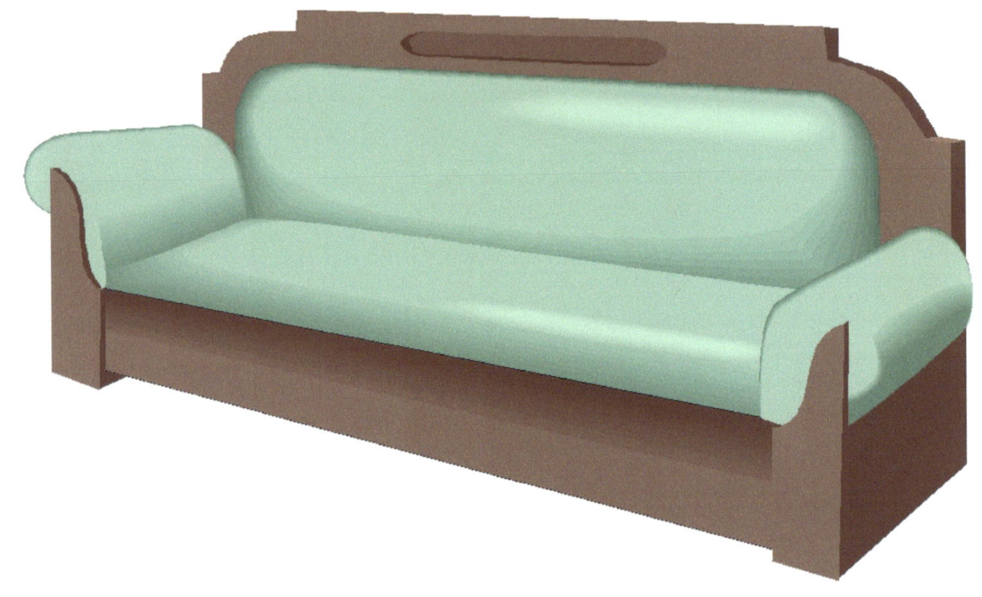

Le canapé
divan

La table basse

masa

Le tapis

xalça

Le salon
oturma otağı

Le rideau

pərdə

La pendule

saat

Le tableau

şəkil

Le fauteuil
kreslo

La lampe
lampa

Les placards
dolablar

Les fleurs
çiçəklər

La chaise
stul

La table
stol

La salle à manger

yemək otağı

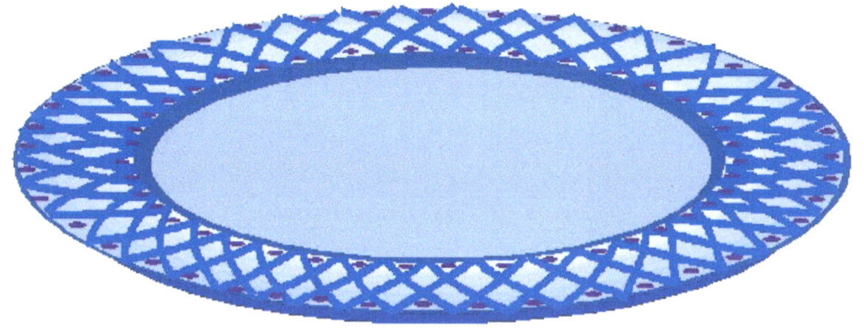

L'assiette

boşqab

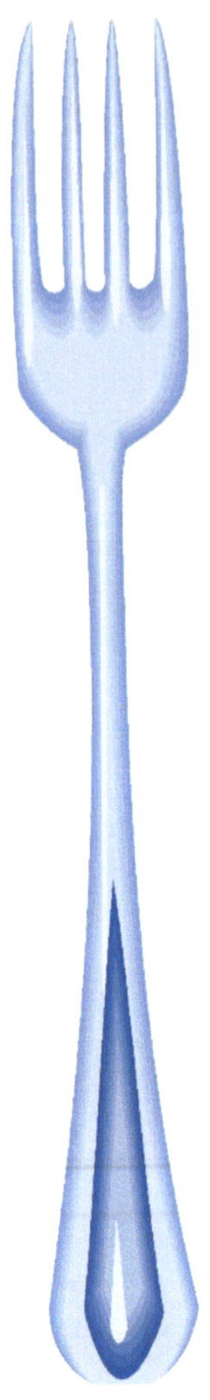

La fourchette
çəngəl

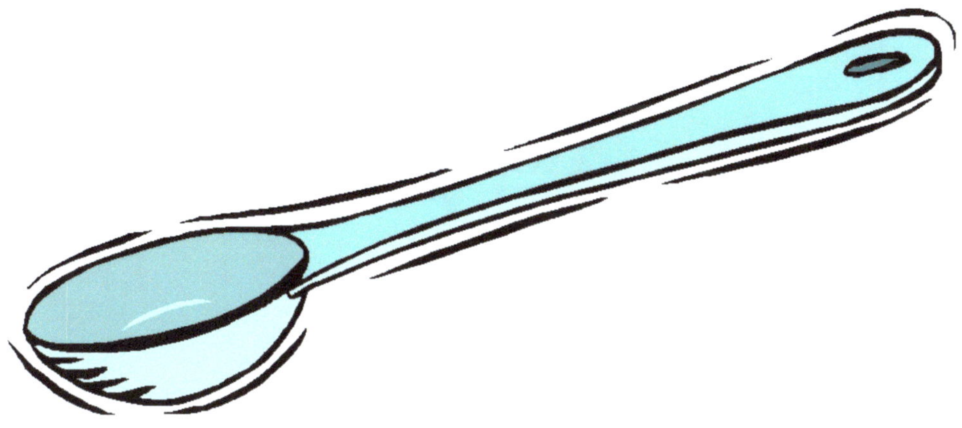

La cuillère

qaşıq

Le couteau
bıçaq

Le verre
stəkan

La tasse
fincan

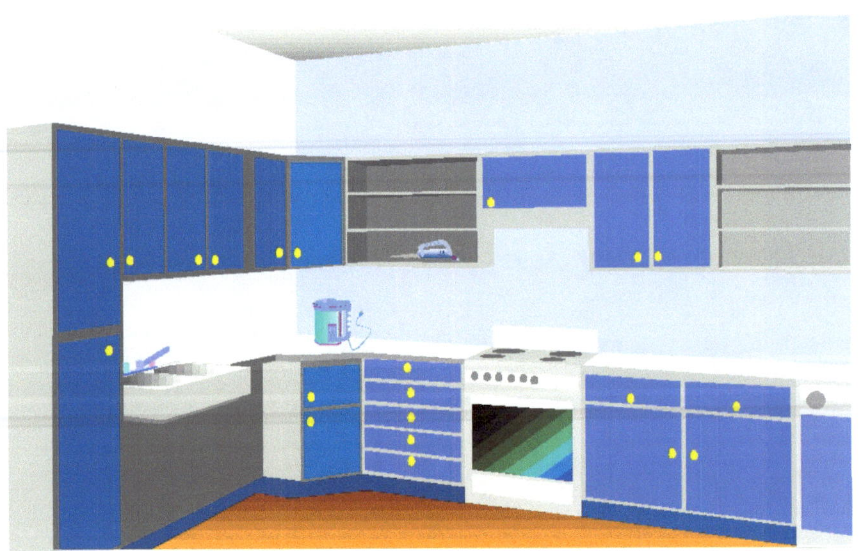

La cuisine
mətbəx

Le four
soba

Le réfrigérateur
soyuducu

L'évier

çanaq

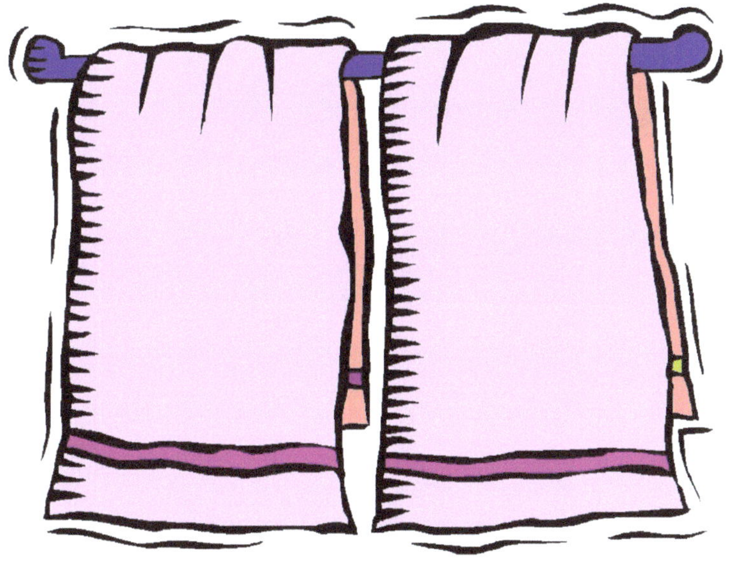

La serviette

dəsmal

La baignoire

vanna

La douche

duş

La bibliothèque

kitab rəfi

Le lit

çarpayı

La commode
bufet

La chambre
yataq otağı

Le placard
şkaf

Le berceau

beşik

La radio
radio

Le four à micro-ondes

mikrodalğalı soba

La poubelle
zibil qutusu

Apprenez des choses dans un dictionnaire d'images illustrant la maison.

À propos de l'auteur : Richard Carlson est auteur de livres bilingues pour enfants.
www.richardcarlson.com